Verzeichnis

der Abkürzungen von Dienststellen
und Truppenteilen der Kriegsmarine

(Abk. Verz. Mar.)

Berlin 1943

Oberkommando der Kriegsmarine

M.Dv.Nr. 592

Bibliografische Informationen der Deutschen Nationalbibliothek: Die Deutsche Nationalbibliothek verzeichnet diese Publikation in der Deutschen Nationalbibliografie; detaillierte bibliografische Daten sind im Internet über http://dnb.dnb.de abrufbar.

© 2020 Thomas Heise
Herstellung und Verlag:
BoD - Books on Demand, Norderstedt

ISBN: 978-3-7519-9911-3

Nachstehendes Verzeichnis enthält die in der Marine anerkannten Abkürzungen für Dienststellen und Truppenteile.

Andere als die darin aufgeführten Abkürzungen sind nicht zu verwenden.

Wenn neue Abkürzungen eingeführt werden sollen, sind sie beim OKM (SklQu A II) zur Bestätigung und Aufnahme in das Abk. Verz. Mar. zu beantragen.

A

2. A d N	2. Admiral der Nordsee
2. A d O	2. Admiral der Ostsee
A Fl	Artillerieträgerflottille
A f K	Ausbildungsabteilung für Kriegs-schiffneubauten
A I	Inspektion der Marineartillerie
Anst	Abwehrnebenstelle
Ars I	Artilleriewaffeninspektion
Art Ars	Artilleriearsenal
Art Wa Kdo	Artilleriewaffenkommando
Ast	Abwehrstelle
A V K	Artillerieversuchskommando

B

B A	Marinebauamt
B Dst	Marinebaudienststelle
B d K	Befehlshaber der Kampfgruppe
B d U	Befehlshaber der U-Boote
B I	Inspektion des Bildungswesens der Marine
BI Kp	Baulehrkompanie
B S N	Befehlshaber der Sicherung der Nordsee
B S O	Befehlshaber der Sicherung der Ostsee
B S W	Befehlshaber der Sicherung West
B Z Komm	Bezirkszollkommissar (G) = Grenze

C

Chef M N D	Chef Marinenachrichtendienst
C P V A	Chemisch-physikalische Versuchsanstalt

D

E

E K K	Erprobungskommando für Kriegs-schiffneubauten
E M G	Entmagnetisierungsgruppe
Ers M A A	Ersatz-Marineartillerieabteilung

F

F d Minsch.....	Führer der Minenschiffe
F d M O........	Führer der Minensuchverbände der Ostsee
F d S..........	Führer der Schnellboote
F d U Ausb.....	Führer der U-Boot-Ausbildungs- flottillen
F d Z..........	Führer der Zerstörer
F E D..........	Flugzeugerkennungsdienst
F K K..........	Fähnrichskleiderkasse
Flak A A.......	Flakausbildungsabteilung
Flak Kdr.......	Flakkommandeur
Flaksch	Marineflakschule
F L B Kp.......	Freileitungsbaukompanie
Fluko..........	Flugwachkommando
Flum A.........	Flugmeldeabteilung
Fluwa..........	Flugwache
Fu M A........	Funkmeßabteilung
Fu M L A.......	Funkmeßlehrabteilung

G

G A St	Grenzaufsichtsstelle
Gl Fl	Geleitflottille
G L I	Marinegasschutz- und Luftschutz-inspektion
G N S	Marinegasschutz- und Nebel-schule

H

H K Mar Paris . .	Höheres Kommando der Marine-Dienststellen in Groß-Paris
H K N	Höherer Kommandeur der Marinenachrichtenschulen
H K U	Höheres Kommando der U-Boot Ausbildung
H S Fl	Hafenschutzflottille
H K Flak/K	Höh. Kommando der Mar. Flak- u. Küstenart.-Schulen
H K Nav.	Höh. Kommando der Navigationsschulen
H K S	Höh. Kommando der Schiffsartillerieschulen
H K T	Höh. Kommando der Torpedoschulen

I

I V St	Industrieversuchsstelle

K

K A L	Küstenartillerielehrabteilung
Kdtr	Kommandantur
K F S	Küstenfunkstelle
K H A	Küstenhorchanlage
K i A	Kommandant im Abschnitt
K L A	Kriegsschiffbaulehrabteilung
K L A U	Kriegsschiffbaulehrabteilung für U-Boote
K M A	Kriegsmarinearsenal
K M D	Kriegsmarinedienststelle
K M W	Kriegsmarinewerft
KomAdm U Boote	Kommandierender Admiral der U-Boote
K S Fl	Küstenschutzflottille
K S V	Küstensicherungsverband
Kü Bef	Küstenbefehlshaber
K Ü St	Küstenüberwachungsstelle
Küst A	Küstenüberwachungsabteilung
K W A	Küstenwarnanlage

L

L Div	Landungsdivision
L Fl	Landungsflottille
L Lw	Lehrstab für Luftwaffenfragen
L S K	Lotsenkommando und Seezeichenamt der Kriegsmarine
Ls S	Luftschutzschule
Luft Spr S	Marineluftsperrschule
L V K	Luftverteidigungskommando

M

M A A	Marineartillerieabteilung
M Abn I	Marineabnahmeinspektion
M Abn Z K	Marineabnahmezentralamt (Kriegsschiffbau)
M A Kdo	Marineabnahmekommando
Marko	Marineartilleriekommandeur
M Ärztl Ak	Marineärztliche Akademie
M A St	Marineausrüstungsstelle
M Au Re B	Marineausrüstungs- u. Reparaturbetrieb
M Att	Marineattaché
M Bekl A	Marinebekleidungsamt
M Bekl Mag	Marinebekleidungsmagazin
M Berg Kdo	Marinebergungskommando
M B Flak A	Marinebordflakabteilung
M B Flak Kp	Marinebordflakkompanie
M D Kp	Marinedrahtnachrichtenkompanie
M Dv	Marinedruckschriftenverwaltung
M Ers.Verpfl A . .	Marineersatzverpflegungsamt
M Fest Pi B	Marinefestungspionierbataillon
M Fest Pi Ers B . . .	Marinefestungspionierersatzbataillon
M Fest Pi Gr	Marinefestungspioniergruppe

M Fest Pi Stb	Marinefestungspionierstab
M Flak A	Marineflakabteilung
M Flak Brig	Marineflakbrigade
M Flak R	Marineflakregiment
M F S	Marinefunkstelle
M Gr Kdo	Marinegruppenkommando
M H A / O K M ..	Marinehelferinnenabteilung beim O K M
M H E A	Marinehelferinnenersatzabteilung
M H K	Hochschulkommando der Kriegsmarine
M K A	Marinekraftfahrabteilung
M K A (Ausb) ...	Marinekraftfahrausbildungsabteilungen
M K B Kp	Marinekriegsberichterkompanie
M Kf Park	Marinekraftfahrpark
M K K / O K M ..	Marinekraftfahrkompanie beim O K M
M K P	Marineküstenpolizei
M Kr Ak	Marinekriegsakademie
M Kw A	Marinekraftwageneinsatzabteilung
M L A	Marinelehrabteilung
M Laz	Marinelazarett
M L D K / O K M .	Marinelehrg.- u. Durchg.-Kompanie beim O K M

M L W	Marinelehrwerkstatt
M N A	Marinenachrichtenabteilung
M N Ars	Marinenachrichtenmittelarsenal
M N B	Marinenachrichtenmittelbetrieb
M N D	Marinenachrichtendienst
M N K / O K M . .	Marinenachrichtenkompanie beim O K M
M N Kdo	Marinenachrichtenmittel-kommando
M N Kp	Marinenachrichtenkompanie
M N O	Marinenachrichtenoffizier
M O K	Marineoberkommando
M P Abt	Marinepeilabteilung
M P H S	Marinepeilhauptstelle
M P N S	Marinepeilnebenstelle
M S	Marineschule
M San Lag	Marinesanitätslager
M S Fl	Minensuchflottille
M Sp S	Marinesportschule
M S S	Marinesignalstelle
M St A	Marinestammabteilung
M Stb K / O K M .	Marinestabskompanie beim O K M
M St V	Marinestandortverwaltung

M Tr S Kdo	Marinetransportsonderkommando
M U V S	Marineunteroffiziervorschule
M Verm A	Marinevermessungsabteilung
M Verpfl A	Marineverpflegungsamt
M V O	Marineverbindungsoffizier
M W A B	Marinewaffen- und Ausrüstungs- betrieb
M W B	Marinewaffenbetrieb
M Z Dv	Marinezentraldruckschriften- verwaltung
M A N S	Mar. Artillerienachrichtenschule
M A R	Mar. Artillerieregiment
M B B A	Mar. Baubewirtschaftsabteilung
M B Flak Brig.	Mar. Bordflakbrigade
M B S D	Mar. Bergungs- und Seedienst- kommando
M E A	Mar. Ersatzabteilung
M E R	Mar. Ersatzregiment
M. Flum A	Mar. Flugmeldeabteilung

N

Nafü	Nachrichtenführer
Naut Verm Kp . . .	Nautische Vermessungskompanie
N B O	Nachrichtenbeschaffungsoffizier
N E K	Nachrichtenmittelerprobungs-kommando
N S	Marinenachrichtenschule
N V K	Nachrichtenmittelversuchs-kommando
N u. M A K	Nautische u. Minenauskunftsstelle für Kriegsschiffe
Nav S	Navigationsschule

O

O B A	Marineoberbauamt
Ob d M	Oberbefehlshaber der Kriegs-marine
Ob Mar	Oberbefehlshaber der Marine-Gruppenkommandos . . .
Ob M O K	Oberbefehlshaber der Marine-Oberkommandos . . .
O K K	Offizierkleiderkasse
O K M	Oberkommando der Kriegsmarine
O V Stb	Oberverwaltungsstab
O W D	Oberwerftdirektor
O W Stb	Oberwerftstab

P

Pi I	Marinefestungspionierinspektion
Prüf Nord	Dienststelle für Eignungsprüfungen beim Marineoberkommando Nordsee
Prüf Ost	Dienststelle für Eignungsprüfungen beim Marineoberkommando Ostsee

Q

R

R Fl	Räumbootsflottille
R K B	Reichskommissar beim Prisenhof Berlin
R K H	Reichskommissar beim Prisenhof Hamburg
R K O	Reichskommissar beim Ober-priesenhof

S

S A A	Signalausbildungsabteilung
S A S	Schiffsartillerieschule
Schn Div	Schnellbootsdivision
S E K	Sperrwaffenerprobungs-kommando
S Fl	Schnellbootsflottille
S I	Sperrwaffeninspektion
Skl	Seekriegsleitung
S M A	Schiffsmaschinenausbildungs-abteilung
S M I	Schiffsmaschineninspektion
Spr S	Sperrschule
Spr S Fl	Sperrschulflottille
Spr Wa Ars	Sperrwaffenarsenal
Spr Wa Kdo	Sperrwaffenkommando
S Schul Fl	Schnellbootsschulflottille
S St A	Schiffsstammabteilung
S St R	Schiffsstammregiment
St O Ä	Standortältester
St S	Steuermannschule
S V K	Sperrversuchskommando
Sich Fl	Sicherungsflottille
Sich Div	Sicherungsdivision

T

T Betr Dst	Technische Marinebetriebsdienst-stelle
T E K	Torpedoerprobungskommando
T Fl	Torpedobootsflottille
T I	Torpedoinspektion
Torp Ars	Torpedoarsenal
Torp Betr	Torpedobetrieb
Torp Kdo	Torpedokommando
Torp Mun Betr . . .	Torpedomunitionsbetrieb
T S	Torpedoschule
T S Fl	Torpedoschulflottille
T S V	Troßschiffverband
T V A	Torpedoversuchsanstalt
Tr Fl	Transportflottille

U

U A A	Unterseebootsausbildungs-abteilung
U A G	Unterseebootsabnahmegruppe
U A K	Unterseebootsabnahme-kommando
U A S	Unterseebootsabwehrschule
U Fl	Unterseebootsflottille
U Jagd Fl	Unterseebootsjagdflottille
U L D	Unterseebootslehrdivision

V

Verm Kp See	1. Vermessungskompanie (See)
Verm Kp Land	2. Vermessungskompanie (Land)
V G A D	Verstärkter Grenzaufsichtsdienst
V G A D (K)	Verstärkter Grenzaufsichtsdienst (Küste)
Vp Fl	Vorpostenflottille

W

W B Dst	Werftbaudienststelle
W B Kdo	Wehrbezirkskommando
W B O	Wehrbezirksoffizier
Wbt O	Wehrbetreuungsoffizier
W E I	Wehrersatzinspektion
W F O	Wehrmachtfürsorgeoffizier des Standorts
W F V A	Wehmachtfürsorge- und Versorgungsamt
W M A	Wehrmeldeamt

Z

Z Fl	Zerstörerflottille
Z u T St A	Zerstörer- und Torpedoboots-stammabteilung

Abkürzungen

für schwimmende Verbände

und Fahrzeuge

A

„A F . . ." (mit Nr.) Artilleriefährprahm . . . . .

A Fl . . . . Artillerieträgerflottille

A F P . . . . Artilleriefährprahm

B

. . . . . Bt . . . . Boot

D

D „. . . ." . . . . Dampfer „. . . . . ."

D F L . . . . Dampffischlogger

D L . . . . Dampflogger

F

„F . . . . .“ (mit Nr.)	Flottenbegleiter . . . (bis 10) oder Marinefährprahm
F D	Fischdampfer
F K	Fischkutter
F L	Fischlogger
„Fl J . . .“ (mit Nr.)	Flakjäger . . . . .
„F R . . .“ (mit Nr.)	Flußräumboot

G

Gel. Fl.	Geleitflottille
Gel. Gr.	Geleitgruppe

H

H K S (mit Name)	Hilfskriegsschiff
H S Fl	Hafenschutzflottille
H S Gr	Hafenschutzgruppe
Hum Bt	Hummerboot

I

I Bt . . . .   Infanterieboot

K

„K . . . .” (mit Nr.)   Kanonenboot . . . . .

K F K . . . .   Kriegsfischkutter

„K M . .” (mit Nr.)   Küstenminenboot . . . . .

K M S . . . .   Küstenmotorsegler

Krz. . . . .   Kreuzer

„K S . . .” (mit Nr.)   Küstenschnellboot . . . . .

K S Fl . . . .   Küstenschutzflottille

K S V . . . .   Küstensicherungsverband

K T . . . .   Kriegstransporter

K U J . . . .   Kriegs-U-Jäger

L

L A T	Leichter Artillerieträger
Laz Sch	Lazarettschiff
L D	Lotsendampfer
L Fl	Landungs-(Lehr-)Flottille
„L S . . .“ (mit Nr.)	Leichtes Schnellboot . . . . .
L Sch	Linienschiff

M

„M . . . .“ (mit Nr.)	Minensuchboot . . . . .
„MAL . .“ (mit Nr.)	Marineartillerieleichter . . . . .
M F K	Motorfischkutter
M F L	Motorfischlogger
M F P	Marinefährprahm
M Fr Sch	Motorfrachtschiff
M L	Minenleger
Min Sch	Minenschiff
M N L	Marinenachschubleichter
M R S	Minenräumschiff
M S „. . . . . . .“	Motorschiff „. . . . . . .“
M Schl	Motorschlepper

M S Fl	Minensuchflottille
„M T . ." (mit Nr.)	Minentender . . . . .
Mt Bt	Motorboot
M T S	Minentransportschiff
„M Z . ." (mit Nr.)	Mehrzweckeboot

N

| N T Bt . . . . | Nebelträgerboot |
| N T Gr . . . . | Nebelträgergruppe |

P

| „P A . ." (mit Nr.) | Patrouillenboot (franz.) . . . . |
| Pol K Bt . . . . | Polizeikampfboot |

R

„R . . . . ." (mit Nr.)	Räumboot . . . .
„RA . . ." (mit Nr.)	Räumboot (Ausland) . . . .
R Fl	Räumbootsflottille

S

„S . . . ." (mit Nr.)	Schnellboot . . . . . .
„SA . . ." (mit Nr.)	Schnellboot (Ausland) . . . . . .
S A T	Schwerer Artillerieträger
Schl Sch	Schlachtschiff
„S F . ." (mit Nr.)	Siebelfähre . . . .
S Fl	Schnellbootsflottille
„S G . ." (mit Nr.)	Schnelles Geleitboot . . . . . .
Sich Fl	Sicherungsflottille
S L D	Schnellbootslehrdivision
Sprbr	Sperrbrecher
Sprbr Fl	Sperrbrecherflottille
S Schul Fl	Schnellbootsschulflottille
S T	Schnelltransporter

T

„T . . . ." (mit Nr.)	Torpedoboot . . . .
„T A . . ." (mit Nr.)	Torpedoboot (Ausland) . . . .
„T F . . ." (mit Nr.)	Torpedofangboot . . . .
„T F A ." (mit Nr.)	Torpedofangboot (Ausland) . . . . .
T Fl	Torpedobootsflottille

Tr Fl . . . .   Transportflottille

„T S . . .“ (mit Nr.)   Torpedoschießboot . . . .

U

„U . . . .“ (mit Nr.)   Unterseeboot . . . .

U Fl . . . .   Unterseebootsflottille

„U J . . .“ (mit Nr.)   Unterseebootsjäger . . . .

U J Fl . . . .   Unterseebootsjagdflottille

V

„V . . . .“ (mit Nr.)   Vorpostenboot . . . .

Vp Fl . . . .   Vorpostenflottille

„V s . . .“ (mit Nr.)   Vorpostensicherungsboot . . . . . .

W

W Bt . . . .   Walfangboot

W B S . . . .   Wetterbeobachtungsschiff

Z

„Z . . . . .“
(mit Namen od.
Nr.) . . . .   Zerstörer
Z Fl . . . .   Zerstörerflottille